VEINTE EPÍGRAFES PARA UN ÁLBUM FAMILIAR
Twenty captions for a family album

2018. Derechos exclusivos de *ENRIQUE D. ZATTARA*
Traducción al inglés de **Beatriz Luna Gijón**,
con revisión de **Isabel del Río**
Portada: dibujo de *José Luis Pegüi*

Editado por
EL OJO DE LA CULTURA
www.elojodelacultura.com
Tel. +44 74 2523 6501
London, UK

Prohibida la reproducción total o parcial de esta obra sin
autorización expresa del autor o editores.
Todos los derechos reservados

Enrique D. Zattara

VEINTE EPÍGRAFES
para un álbum familiar

Twenty captions for a family album

EL OJO DE LA CULTURA

Guildenstern: *Sueños que no son más que ambición, porque la verdadera sustancia del ambicioso es la mera sombra de un sueño.*
Hamlet: *Un sueño no es en sí mismo más que una sombra.*
W. Shakespeare; HAMLET, Acto 2, Escena II

Guildenstern: *Which dreams indeed are ambition, for the very substance of the ambitious is merely the shadow of a dream.*
Hamlet: *A dream itself is but a shadow.*
W. Shakespeare, HAMLET, Act 2, Scene II

Preface

Between the Three Wise Men and The Seven Fools
the Prince of Denmark has pictured himself
                                            [as Oedipus' mask .
We construct vain dynasties through biographies and dreams
to justify chance in a life of adventure
and to understand murders that cannot be solved
                                            [in sleepless nights.
Those dices not thrown by God? The restless tales of horror?
Perhaps the brooding edifice of fear
erecting battlements to defend the kingdom's boundaries?

It may be possible to bear facts
if we ignore that death besieges free will.
But death is a joke in the worst possible taste
barely prowling when it hits others' misfortunes.
Meanwhile, neglecting a moment of silence
we persist in sieging the Tower of Babel
                                            [with our clumsy shrieks
where some may recognise despair
walking shadows that we are.

Sad melancholy of silks,
black holes that swallow the zeal of your throat.
Might it just be the wild delusions of a Viennese man
determined to make us believe in the oracles
                                            [of the poets of old?

Prefacio

Entre tres reyes magos y los siete locos
el príncipe de Dinamarca imagina
        [ser la máscara de Edipo.
A través de biografías y de sueños construimos
        [dinastías vanas
para justificar el azar de una vida de aventuras
y entender los asesinatos que no se resolverán
        [en la vigilia.
¿Dados con los que no juega dios?
        [¿Insomnes narrativas del espanto?
¿O acaso cavilosas construcciones del miedo
que edifica almenas para defender los límites del reino?

Es factible sostener cada suceso
si ignoramos que la muerte pone cerco al albedrío.
Pero la muerte es una broma de mal gusto
que apenas acecha cuando golpea la desgracia ajena.
Entretanto, mientras ignoramos el momento del silencio,
se insiste en sitiar la torre de Babel con torpes alaridos
en que quizás otros puedan reconocer el desespero
de la condición de sombras por donde caminamos.

Triste melancolía de las sedas,
agujeros negros que se tragan el fervor de la garganta:
¿será sólo el oscuro delirio de un vienés empecinado
en hacernos creer en las profecías de poetas del pasado?

1.
Young Albert finds himself
in front of the mirror

Lips to grasp that nourishing breast,
five terminal elements fastened
over one more finger prowling from alien worlds.
Did Young Albert know what "five" was?
How to identify that finger,
the hand at the end of the object that we love,
the maternal caresses yet to be named?
When was it that Young Albert was Young Albert
and the world ceased to be a shapeless stage
on which frail fragments slide
into the blind frenzy of hunger and desire?

That joyful encounter in the mirror
will also reflect, behind the child,
the watchful silhouette of Gertrude:
maybe that's the beginning of the road.

1.
Albertito se descubre en el espejo

Labios para aferrar aquel pezón nutricio,
cinco terminales capaces de cerrarse
sobre otro dedo que acecha desde un mundo ajeno
¿sabía Albertito lo que es "cinco"?
¿cómo identificar el dedo,
la mano al extremo del objeto amado,
la materna caricia aún sin nombre?
¿En qué momento Albertito fue Albertito
 y el mundo dejó de ser un escenario informe
sobre el que se deslizan delicados fragmentos
en el ciego frenesí del hambre y el deseo?

Aquel jubiloso encuentro en el espejo
reflejará también, detrás del niño,
la vigilante silueta de Gertrudis:
puede que sea ese el principio del camino.

2.

How to think dangling from a branch

Dangling from a willow tree
Young Albert senses the sunlight
that pierces the foliage and reaches his eyes.

He has seen, in the foliage,
the sun that slips through the leaves,
the sunlight that hurts his eyes,
the blue sky and the regular stream of clouds.
(Below,
the smooth surface of the muddy backyard
cracks in irregular compartments.
as an unfathomable checkerboard)

The hands cling to the hanging branch.
He lifts his legs and the whole body
slowly sways a few inches
above that soil of cracked compartments.
Young Albert is thinking now.

He thinks about what he is thinking:
how his shadow blends on the cracked soil
with the puzzling shadows of those leaves.
On that cracked soil he is no longer
him and some leaves shaped as arrows:
there is only a single dark spot.
How is it then that a dark spot on the backyard

2.
Cómo pensar colgado de una rama

Colgado de la rama del sauce
Albertito percibe el rayo
que atraviesa la fronda y llega a la pupila.

Ha mirado, entre la fronda,
el sol que se cuela entre las hojas,
el rayo que agrede la pupila,
el cielo azul y el ordinario paso de las nubes.

(Debajo,
 la superficie lisa del patio embarrado
se resquebraja en celdas irregulares
como un curioso damero de troqueles)

Las manos se aferran a la rama que desciende:
alza las piernas, ahora el cuerpo entero
se mece lentamente a medio metro
sobre el suelo de celdas agrietadas.
Albertito está pensando.

Piensa en lo que está pensando:
cómo su sombra se mezcla en el suelo agrietado
con la confusa sombra de las hojas.
En el suelo agrietado ya no hay
él y unas hojas alargadas como flechas:
no hay más que una sola mancha oscura.
¿Cómo es que esa mancha oscura sobre el patio
tiene que ver con el cuerpo colgando de la rama
- y con la rama frondosa que cuelga del sauce - ?

is about a body dangling from the branches
and also a leafy branch dangling from the willow-tree?

Isn't it interesting – he ponders –
that in addition to the mute presence
of his dangling body and all those shadows,
he can think of all that
as if a ghost slowly glided,
aware of all light, of all contours?

That afternoon, when the sun
cracks the dry mud of the backyard,
cracks the shadows and the outline of all things,
Young Albert discovers
that thinking can be captivating.

But suddenly, poor child!
he understands with overwhelming terror,
that the happy feelings that he sensed
will not succumb to his childish will:
it will not end despite his command,
and as much as he wills it to go, it shall not.

Young Albert has discovered that afternoon
- in a single shimmering instant -
that something inside him thinks on its own,
and to put a stop to his thinking is not possible at all.

¿No es curioso – piensa –
que además de la presencia muda
de su cuerpo colgando y de las sombras,
él pueda pensar en todo aquello
como si un fantasma se deslizase lentamente
registrando toda luz, todo contorno?

Albertito descubre aquella tarde en que el sol
agrieta el barro seco del patio de la casa,
agrieta las sombras y el contorno de las cosas,
que pensar es algo fascinante.

Y de pronto ¡pobre chico!
entiende de súbito, con pavor incontenible,
que aquella feliz sensación que ha registrado
no se somete a su voluntad de niño:
no se clausura ante su empeño,
no desaparece por más que lo proponga.

Ha descubierto Albertito aquella tarde
- en un mismo momento luminoso –
que algo dentro suyo piensa por su cuenta,
y que dejar de pensar es imposible.

3.
Young Albert tumbles to what is going on

Tumbling is always a metaphor
and he has rolled down the hill.
But Young Albert does not yet know what a metaphor is.

Is he too young to see
a sign in those blue sneakers
in front of which he happened to roll down?
in that little freckled face which – from the upper end
of his shoes – is staring at him and seems to be having fun?
It's not a graceful position, he reckons and blushes:
it is no good thing to tumble down and fall at anyone's feet.

They meet again, him and her:
the pool, the playground,
the whirling slides.
and their grandparents make them go back
to the hotel in the mountains for their extensive holiday.
One afternoon, the girl hassles a colony of ants
on the shores of the lake.
with a twig, she keeps breaking
their orderly parade. But soon
they blindly return to their routine.
Young Albert will forever etch on his mind
the determined outline of her actions.

3.
Albertito se cae de la palmera

Las caídas son siempre una metáfora
y él ha rodado ladera abajo, en la colina.
Pero Albertito desconoce – todavía –
           [lo que sea una metáfora.

¿Es demasiado joven para ver
la señal de aquellas zapatillas azules
frente a las que ha venido a rodar,
de aquella carita pecosa que – desde el extremo
superior de los zapatos – lo mira divertida?
Se ha sonrojado porque intuye que su situación
           [no es elegante:
nunca es bueno caer a pies de nadie.

Ella y él vuelven a verse:
la piscina, el parque de los juegos,
vértigo fugaz de los toboganes
y los abuelos reclamando el regreso
al hotel de las largas vacaciones en la sierra.
Una de estas tardes, a orillas del lago,
la chica fastidia a unas hormigas:
con una ramita insiste en romper
su ordenado desfile. Pero pronto
los bichos retornan ciegamente a su rutina.
Albertito fijará para siempre aquel perfil,

On another uncertain night,
that same girl
sits on a bench in a town square he does not recognize.
He approaches from behind,
she turns her head and he puts, softly and gently,
his mouth over the another mouth,
his lips on those other lips.
as Richard Burton and Liz Taylor do
in a shabby sign of the Opera Cinema.

Young Albert is waking up now
with the kiss still burning on his lips.
He looks at himself in the bathroom mirror
"I'm a big boy!" he says in amazement.

That day, he is turning six.

la empecinada silueta de su gesto.

Otra noche de incierta identidad,
la misma niña
está sentada en el banco de una plaza que él no reconoce.
Se acerca por la espalda,
ella gira su cabeza y él posa, suave y lenta,
su boca sobre la boca otra,
sus labios sobre los otros labios
igual que ha visto hacer a Richard Burton y Liz Taylor
en un cartel ajado del Opera Cinema.

Albertito se despierta ahora
con el beso ardiendo aún en los labios.
Entra en el baño y ve su rostro en el espejo:
"ya soy grande", dictamina con asombro.

Justo ese día, cumplirá seis años.

4.
Those winter nights

The hot shower and his thick bed-shirt,
the soft touch on his skin, fresh from the roughness
[of the towels.
Supper in bed.
The smell of eucalyptus leaves boiling on the stove.
[And words
that brought me stories of flowers that did not grow
[in my garden,
of birds that did not nest on the church belfry.
Ah! that flight of storks
beating slow wings over slate roofs.
The bloody patches of poppies in the fields
and the opium of old Chinese sailors.
Stories where Christmas was distant and white,
like the manger that we built at the end of the year
in a corner of our living room, protected against
[the oppressive dog days
by the evanescent muslin of those heavy curtains.
With its Baby Jesus and its Three Kings
[and its many farm animals
and its crystal lakes where ducks swam
besieged by cotton snow and talcum powder.

Those winter nights, away from Christmas.

4.
Esas noches del invierno

La ducha caliente y la camiseta de frisa,
su suave tacto sobre la piel recién salida de la aspereza
                             [de las toallas.
Cena en la cama.
El olor del eucalipto hirviéndose en la estufa.
                         [Y unas palabras
que me acercaban historias de aves y de flores
                       [que no crecían en mi patio,
que no anidaban en el campanario de la iglesia.
Ah, aquel vuelo de cigüeñas
batiendo lentas alas sobre los tejados de pizarra.
Los ensangrentados manchones de la adormidera
                         [en los campos
y el opio de los viejos marineros chinos.
Historias donde la Navidad era lejana y blanca
igual que en el pesebre que armábamos cada fin de año
en el rincón del salón, defendido de la canícula agobiante
                         [del verano
por la evanescente muselina de los cortinados dobles.
Con su Niño Jesús y sus Reyes Magos
                       [y sus muchos animales
y sus lagos de cristal donde nadaban patos
asediados por nieves de algodón y talco.

Esas noches del invierno, lejos de las Navidades.

On those rare occasions when daddy entered the room
to tell us the only story he knew
(and that he had made up),
a story that made no sense about a valiant prince
that instead of riding a spirited steed, travels on a bicycle –
like my father does.
My brother's laughter and his concealed yawn
to mark the moment of rest:
my mother's kiss, the light-switch that clicks
and the light that fades away until the next day.
But birds and flowers are still alive in the shadows,
fighting their battle against fear and against those ghosts
lurking in the dark, sneaky fairies they are.

Storks and poppies:

images with impossible references
during those my nights of enigmatic books and bed-shirts
warmed up alongside the kerosene stove.
Back then there were vast
and widespread lands of fantasy.
Landscapes painted with the faint paintbrushes of wonder.

(Many nights later,
on the shores of a sea with almost no waves,
I would ask myself whether those poppies
that I shot with my camera on the hill-skirts of Comares,
or the clacking storks on the red roofs of Moguer
                              [and Isla Cristina
were even more real than the ones of my childhood.
I would wonder what happened to my mother's kisses,

Raras ocasiones en que papá entra en el cuarto
para contarnos la única historia que conoce
(y que él mismo se ha inventado),
la historia sin pies ni cabeza de un príncipe valiente
que en lugar de brioso corcel cabalga – como él – en bicicleta.
La risa de mi hermano y el bostezo que echa
                                      [a volar disimulado
para certificar el momento del descanso:
el beso de mi madre, el interruptor que gira
y la luz que se desvanece hasta mañana.
Y aves y flores siguen vivas en la sombra,
librando su batalla con el miedo y los fantasmas
que acechan en lo oscuro como duendes sigilosos.

Cigüeñas y amapolas:

imágenes de imposible referencia
en aquellas mis noches de libros enigmáticos y camisetas
 templadas al calor de la estufa de kerosene.
Eran entonces sólo vastos,
prolongados territorios de la fantasía,
paisajes pintados con los tenues pinceles del asombro.

(Muchas noches más tarde,
a la orilla de un mar casi sin olas,
me preguntaré si acaso fueron más reales
las amapolas que mi cámara ha registrado
                         [subiendo la colina de Comares ,
las cigüeñas que claquean con sus picos
sobre los techos rojos de Moguer e Isla Cristina.
Me preguntaré qué ha sido de los besos de mi madre,

if truth be told, she did not lavish me with kisses much.
I will ask myself,
     anyway,
what happened to my father's bicycle
and to that brave prince
who had never read William Shakespeare)

que por cierto no los prodigaba en demasía.
Me preguntaré,
                    en fin,
qué habrá sido de la bicicleta de mi padre
y de aquel valeroso príncipe
que nunca había leído a William Shakespeare)

5.

Sitting on the kerb, Young Albert and Young Edward are planning their future

Young Edward wants to be a playboy,
an astronomer, Young Albert.
One likes to imagine the flashing neon lights
anticipating the banned adventures of the night
in cinematic cities, where brightly tinted sequins shine
and exploits of scandal and lust take place.
The other, dreams of discovering tremulous titillations,
distant and sleepless beats at night
spinning around God with the musical mystery of clockwork.
At the bottom of the ditch, where their feet hang,
they hear the monotonous murmur of the water
and one of them thinks of tumultuous seas,
of the atrocious silence in the jungle at midnight.
Stray dogs howling to the moon.
Gloomy streetlamps concealing the light between the leaves.
When did that horizon of furtive asteroids and nightclubs
become messed up?

Life
(but they do not know it yet)
is opening its sticky pulp
like the carnivorous flower that grows
in the dark cracks of walls.
Where there is brightness, there will be shadows;

5.
Sentados en el cordón de la vereda
Albertito y Eduardito planean el futuro

Eduardito quiere ser playboy,
astrónomo Albertito.
Uno gusta imaginar palpitantes acrílicos
anunciando la aventura prohibida de la noche
en ciudades de cinematógrafo donde brillan
[lentejuelas de colores
y se consuman ordalías de escándalo y lujuria.
El otro sueña descubrir titilaciones temblorosas,
pulsos lejanos insomnes en la noche
girando alrededor de dios con musical
[misterio de relojería.
Al fondo de la zanja donde los pies cuelgan,
oyen el rumor monótono del agua y
alguno de ellos piensa en mares tumultuosos,
en el silencio atroz de la selva a medianoche.
Perros vagabundos rugiéndole a la luna.
Tristes focos en la esquina que abruman la luz
[entre las hojas.
¿Cuándo se desordenó aquel horizonte
de sigilosos asteroides y de discotecas?

La vida
(pero ellos no lo saben todavía)
está abriendo su pulpa pegajosa
como la flor carnívora que crece
en las grietas oscuras de los muros.

where there is neon, smoking ruins;
the sublime regularity of the stars
will turn into precarious fate, a landscape of chaos
(but they do not know it yet).

Allí donde hay brillos habrá sombras;
allí donde neones, humeantes ruinas;
la sublime regularidad de las estrellas
tornará en azar precario, caótico paisaje
(pero ellos no lo saben todavía).

6.
First question

This instrument that I hold with three fingers,
assisting in the transfer of the potato
from the fullness of the plate to the disquiet of hunger,
why is it called fork,
and not - let's say-
well... the first word you can think of?

Naive questions by someone who, for the first time,
becomes aware that something does not quite fit
in a landscape that until yesterday was simply there,
unchallengeable,
based solely on the weight of evidence,
firm on its two feet of air
until a puff of breath detached words from things.

6.
Primera pregunta

Este instrumento que aprieto con tres dedos,
esto que sirve para sostener el tránsito de la patata
entre la hartura del plato y la ansiedad del hambre,
¿por qué se llama tenedor,
y no –por ejemplo-
(pues, la primera palabra que se te ocurra)?

Ingenuas preguntas de quien por vez primera
advierte que algo no encaja
en el paisaje que hasta ayer simplemente estuvo allí,
incuestionable,
asentado en el sólo peso de la evidencia,
firme sobre sus dos pies de aire
hasta que un soplo separó las palabras y las cosas.

7.
Linking unanswered correspondences

The blue and red neon Christmas star lies across the façade.
The tiled façade of the gift shop.
The fleeting gift of Graciela's gaze.
Graciela crossing the square under her green
[wide- brimmed hat

Green is the hallway where we hide
going up and down, so clandestine,
in a lift that they have just fitted.
A lift going nowhere,
urban evenings fragmenting life.

An evening stroll along Church Street
stealing a glance at Graciela's giggles and her friends.
girl friends who tell us their secrets
about desired young boys (that are not us).
Young boys who think solely about losing their virginity
Impure thoughts in front of the cinema billboard.

Movie nights, James Bond and Kim Novak and the Romans
and Balá's fringe and Club del Clan before the party.
Saturday party and Sunday hangover.
Sunday: football on the wireless, road racing.
Roads to dream of another life
far away from school, from home, from drowsy summers.

7.
Engarzando correspondencias sin respuesta

La estrella navideña de neón azul y rojo
[cortando la fachada.
La fachada de azulejos de la tienda de regalos.
El regalo fugaz de la mirada de Graciela.
Graciela cruzando la plaza con su capelina verde.

Verde el portal donde nos escondemos
para subir y bajar tan clandestinos
en el ascensor que recién han instalado.
Ascensores que no llevan a ninguna parte.
Partes de vida hendidas por el atardecer urbano.

Atardecer de paseo por la calle de la iglesia
viendo a Graciela reír con sus amigas.
Amigas secretas que nos cuentan confidencias
sobre chicos deseados que no somos.
Chicos que hacen bromas pensando en desvirgarse.
Pensamientos impuros frente al cartel del cine.

Noches de cine, James Bond y Kim Novak
[y los romanos
y el flequillo de Balá y el *Club del Clan* antes del baile.
El baile del sábado y la resaca del domingo.
El domingo: fútbol por la radio y Turismo Carretera.
Carreteras donde soñar con otra vida

Summers of parks and pools and beers
to reach life, which is always escaping.

Escape, is what you are looking for:
Founding a new territory where to anchor dreams.

lejos del colegio, de la casa, del sopor de los veranos.
Veranos de parque y piscina y cervezas desmedidas
para alcanzar la vida, que siempre está escapando.

Escapar, es lo que se busca.
Fundar un territorio nuevo donde anclar los sueños.

8.
Before the era of signs

Before this timely and still silence
someone has already longed for your adventure,
the hot steam of the rose, armored or not,
the fierce imperative that draws your contours.
Perhaps someone has already imagined
a night of stacked pillows,
and between the warm sheets and the gloomy table
the indomitable passion of the little sentinel from Lombardy.
Have you scaled at your own pace
the sadness of Nat's violin into the twilights of Plumfield?
Who, lodged where your blood flows deepest,
has already imagined Sandokan and the Valiant Prince?

When did this horseman fever start,
riding sounds in silence?
It was perhaps with the scent of eucalyptus leaves,
between pieces of cloth drying on the stove
and trivial magazines aiming
to widen our vocabulary,
hardcover books that knew everything
and arrived by mail in a manila envelope,
the baroque illustrations of Fabulandia.

It was then, perhaps, a time of tenderness,
when the slope of love grew without yet the need for rain,

8.
Antes del tiempo de los signos

Alguien, antes de este puntual silencio detenido
ya ha deseado tu aventura,
el vaho caliente de la rosa, blindada o no,
el imperativo feroz que te dibuja.
Alguien ha imaginado ya tal vez
esta noche de almohadas apiladas,
y entre las sábanas tibias y el velador sombrío
la pasión indómita del pequeño vigía lombardo.
¿Has subido por tu propio paso
la tristeza del violín de Nat en los crepúsculos
[de Plumfield?
¿Quién, alojado en lo recóndito de la sangre,
ha imaginado ya a Sandokán y al Príncipe Valiente?

¿Cuándo empezó esta fiebre de jinete
cabalgando sonidos en silencio?
Fue tal vez con un aroma de eucaliptos,
entre telas secándose en la estufa
y triviales revistas que jugaban
a enriquecernos el vocabulario,
libros de tapa dura que todo lo sabían
y llegaban por correo envueltos en papel madera,
iIustraciones barrocas de la *Fabulandia*.

Fue entonces, quizás, un tiempo de ternuras,
cuando la cuesta del amor ascendía aún sin lluvia,

when laughter was not a prelude to hesitation,
and King Arthur and Lancelot drank from the same goblet.

Someone and Gertrude's gaze,
inspiring and vigilant.

It was then necessary to wait for
Juan Pablo Castel to kill Maria,
suddenly, almost without breath,
Mersault was a toy of his own dark indifference
and a brutal world with no gentleness
opened its trapdoors towards nausea.

Then - Young Albert recalls -
the bonfires were smoke ghosts,
tin soldiers on the gameboard of fury,
monsters with worn-out dentures
who swallow the future and the agony.
Yearning, a sting.
Waiting, a spike belt.

That way
breathing inwards
amongst the atrocities of storms,
he knew that words have an underside,
like leaves,
and that you only reach the limit of pain
when the stealth finger presses its edges
until the very edge
tearing up the quivering blue skin
and opening a wound from where language bleeds.

cuando una risa no era antesala de la duda,
y el Rey Arturo y Lancelot bebían de la misma copa.

Alguien y la mirada de Gertrudis,
inspiradora y vigilante.

Hubo que esperar, entonces, a que
súbitamente, casi sin respiro,
Juan Pablo Castel mate a María,
Mersault fuese juguete de su oscura indiferencia
y un mundo atroz sin más dulzuras
abriera su trampilla hacia la náusea.

Entonces – Albertito lo recuerda –
fueron fantasmas de humo las hogueras,
soldaditos de plomo en el tablero de la furia,
monstruos de cascada dentadura
que se tragan el futuro y la agonía,
la avidez un ardor,
un cilicio la espera.

Y de ese modo
respirando para adentro
en lo atroz de la tormenta,
supo que las palabras tienen un envés,
como las hojas,
y que el fondo del dolor sólo se alcanza
cuando el dedo sigiloso pulsa sus aristas
hasta que el filo
desgarra la piel azul que tiembla
y abre la herida por donde el lenguaje sangra.

9.
Zero hour

It may be a starting point:
I never believed in the existence of fathers.

A father is someone who occupies the chair
                              [at the head of the table
(when the TV is off).
A father is someone who ignores everything about stuff.
Father is the one who founds
the irreparable tragedy of life:
your family.
Father there is none:
it's just a sign on your forehead.

Maybe that's the beginning of the road.
Later, a man sits down
to watch his loneliness through the window,
weighed down by the perfect cruelty of the universe.
He feels his shirt,
gesticulates in front of the mirror.
He tries to be affable but is incapable of such a thing.

The ghost of King Hamlet is where everything starts,
and we will always suspect that Gertrude
was behind each of the murders.

9.
Hora cero

Puede que sea un punto de partida:
nunca creí en la existencia de los padres.

Un padre es alguien que ocupa la silla de la cabecera
(cuando el televisor está apagado).
Un padre es alguien que lo ignora todo de las cosas.
Padre es quien funda
la tragedia irreparable de la vida:
tu familia.
Padre no hay ninguno:
es sólo una señal sobre la frente.

Puede que sea ese el principio del camino.
Después, un hombre se sienta
a contemplar su soledad por la ventana,
abrumado por la perfecta crueldad del universo.
Se palpa la camisa,
hace gestos al espejo.
Trata de ser cordial y ni siquiera puede.

El fantasma del rey Hamlet está donde todo empieza,
y siempre sospecharemos que Gertrudis
asoma detrás de cada asesinato.

10.
Nietzsche is pissing at dawn

God is dead.
When did such a miserable event occur?
The newspapers do not say a word.

But he knows well that God has died.
He has seen it this afternoon,
leaning out of the shadows of a fence sunk in the sludge,
he has seen it written in the sudden misery
of the child who sees his kite fleeing from his hands,
in the discreet anguish where he sinks tonight,
                              [now almost dawn
when he opens the metal door of the garage
to enter the backyard where the sky is outlined
                              [above the willow-tree
and the piss he was barely holding on now begins to overflow.

God is the devil's by-product, he says now
without a doubt speaking to his ghost,
God is the excuse for our disenchantment,
and for his love nobody cries any more but a cat in heat.
It is like a flower that grows
in the crack of a wall eaten-up by damp:
when we reach it, she has already died of shame.
But how to continue living, then,
condemned to the loneliness of home?

10.
Nietzsche meando en la madrugada

Dios ha muerto.
¿Cuándo ocurrió tal luctuoso suceso?
Los diarios no lo dicen.

Pero que Dios ha muerto, él sí lo sabe.
Lo ha visto esta tarde,
asomado a la penumbra de una cerca entre barriales,
lo ha visto escrito en la miseria repentina
del niño que mira escapar el barrilete de su mano,
en la discreta angustia que lo sume esta noche
                                [casi amanecida
cuando abre la puerta de chapa del garaje
para entrar al patio donde el cielo
                                [se recorta sobre el sauce
mientras la orina que contuvo con esfuerzo
                                [tiende a desbordarse.

Dios es un producto del demonio, dice ahora
hablándole sin duda a su fantasma,
dios es la excusa para nuestro desencanto,
y por él ya no llora de amor más que una gata en celo.
Es como una flor que crece
en la grieta de un muro carcomido de humedad:
cuando llegamos a ella ya se ha muerto de vergüenza.
¿Pero cómo entonces continuar viviendo
condenados a la soledad de nuestra casa?

How to trek through this inert landscape
and talk about it to give it life, at least?

Outside, a rusted patina over the streets.
From the street lamp swaying on the corner
a beam of pale yellowish glare
crosses the shadow that lurks over the pavement:
there is a vestige of blue above the chinaberries.
and where the night began
everything quietens with retrospective amazement,
everything resumes its equitable space:
what was left behind is no longer retrieved
-as someone said before-
you only lose what you never had.

Behind the stout trunk of the weeping- willow,
                              [looking at the sky,
he urgently discharges his bladder and - everything
                              [must be said -
anguish removes its claws from his chest for a moment
and a saintly serenity runs through him rendering hope.

¿Cómo transitar por este paisaje inerte
y hablar de él, al menos, para darle vida?

Fuera, una pátina de óxido marrón sobre las calles.
Desde el farol que se bambolea en esa esquina
un haz de pálido fulgor amarillento
atraviesa la sombra que se cierne en las veredas:
hay un vestigio de azul en la copa de los paraísos
y en donde empezó la noche
todo se aquieta con retrospectivo asombro,
todo retoma su espacio equitativo:
lo que quedó detrás ya no se recupera y
-como alguien antes dijo –
sólo se pierde lo que nunca se ha tenido.

Tras el robusto tronco del sauce llorón, mirando al cielo,
descarga urgente la vejiga y – todo hay que decirlo –
por un momento la angustia quita las garras de su pecho
y una beatífica serenidad lo recorre de esperanza.

11.
X-ray of The Pampas

Slowly, the train crosses the pampas
over which an orange twilight rolls.
As the afternoon ends
a soft silence grows in the endless fields
and stretches into the distance
while the pounding rhythm of the telephone poles
stubbornly quashes the illusion of a standstill time.

I am looking at those fields, feeling bored,
and I ask to myself:
where are the beats of solemn metaphysics
about which our philosophers spoke?
There is nothing there but countryside:
alfalfa, corn, sunflowers that at this time,
rest their ambition
as an Icarus moored to the land,
cows, sleepy horses
and the late filial claim of a few calves.
Here is what some call homeland:
banal idiosyncrasy of the prairie and the distance,
still landscapes with the smell of horse dung,
sudden bursts of the invisible dog and the owl.

A moon that rises with stubborn patience
dissolves the colours

11.
Radiografía de la pampa

Lento, el tren recorre la llanura
sobre la que rueda un crepúsculo naranja.
En el declinar de la tarde
el campo interminable acrecienta un silencio parco
que se extiende en la distancia
mientras el ritmo machacón de los postes de teléfono
destruye tenazmente la ilusión de un tiempo detenido.

Estoy mirando el campo con aburrimiento
y me pregunto:
¿dónde ese compás de severa metafísica
de la que siempre hablaron nuestros grandes pensadores?
Porque allí no hay más que campo:
alfalfa, maíz, girasoles que a esta hora
reclinan su ambición
de Icaros amarrados al terreno,
vacas, equinos somnolientos
y el tardo reclamo filial de algún becerro.
He aquí lo que unos llaman fundamento de la patria:
idiosincrasia banal de la llanura y la distancia,
paisajes quietos con olor a bosta de caballo,
súbito irrumpir del perro invisible y la lechuza.

Una luna que sube con paciencia terca
disuelve los colores

of what was luminous evidence during the day,
and soon only the figure remains
of the rigid mills with their sheet metal flower
crowning the tower cut out in the shadows
and the weather vane makes it
a kite that cannot escape from its foundations.

Escape, is what you are looking for:
escape from a fate made of tar and extinguished ashes.

A train under the moon with its passenger insomniac,
a train over the fields with its passenger aware.

Buenos Aires awaits.

de lo que fue durante el día evidencia luminosa,
y a poco solo permanece la figura
de los rígidos molinos con su flor de chapa
coronando la torre recortada en sombra
y la veleta enhiesta que la torna
cometa que no puede escapar de su cimiento.

Escapar, es lo que se busca:
escapar de un destino de alquitrán y de cenizas apagadas.

Un tren bajo la luna con su pasajero insomne,
un tren sobre los campos con su pasajero alerta.

Buenos Aires me espera.

12.
City of poor hearts

This city has cold shoes,
it is barefoot on the railroad track edge, which was sharp
but a million trains have made it blunt.
Out in the open is not welcoming
when the spellbound gaze is drained
and the regular time of the mute clocks
numbs the passion that led us to paradise.
We go out for a walk like insomniac nomads
waiting for the kindness of a supportive body,
of a startled hand,
of a heart with an open vest.
But the city is autistic, says nothing
even if we rip out its eyes with questions.

Then it only remains to talk about bad weather,
or Boca Juniors,
or that girl who has drawn the air with
                    [her overflowing silhouette.
You, crying secretly in the tube
by the time the last commuter has left.
You, returning home with the belly emptied of greed,
with your desire emptied of joy.

And some night, without enough reasons,
those shapes that have remained on the furniture

12.
Ciudad de pobres corazones

Esta ciudad tiene fríos los zapatos,
descalzos sobre la arista de la vía que fue filo
y un millón de trenes ha tornado roma.
No es acogedora la intemperie
cuando se agota la mirada fascinada
y el tiempo regular de los relojes mudos
adormece la pasión que nos conducía al paraíso.
Salimos a caminar como nómadas insomnes
esperando la gracia de un cuerpo solidario,
de una mano azorada,
de un corazón con el chaleco abierto.
Pero la ciudad es autista, nada dice
aunque le arranquemos los ojos con preguntas.

Entonces sólo queda hablar de la humedad,
de Boca Juniors,
de esa muchacha que ha trazado el aire
                              [con su silueta desbordante.
Queda llorar a escondidas en el metro
a la hora en que ha bajado el último viajero,
y volver a casa con el vientre vacío de codicias,
con el deseo vaciado de alegrías.

Y alguna noche, sin ningún motivo suficiente,
destacarán ante la luz de la bombilla mortecina

flagrantly immune to their shadows
will stand out in the light of the gloomy light bulb:
a clock with broken hands,
the spine of books dimmed by damp,
a poster with verses by Neruda.

Someone lays their eyes on these pale objects
and a time that is no longer there takes on a shape,
a halo of life lodges itself with unexpected tenderness
between loneliness and its tenacious repetition.

At two o'clock, everything is over:
the rain hangs up a warm whisper
on the tin roof of the guesthouse
and someone turns off the light
casting in the shade the shadow of beloved women
that are just a clock with broken hands,
the spine of books
and an old poster hanging on the wall.

esas presencias que han permanecido sobre los muebles
descaradamente inmunes a su sombra:
un reloj de manecillas quebradas,
el lomo de unos libros opacados por la humedad,
un poster con unos versos de Neruda.

Alguien posa su mirada en estos pálidos objetos
y un tiempo que ya no está cobra volumen,
un halo de vida se interpone con ternura inesperada
entre la soledad y su empecinada recurrencia.

A las dos, todo ha terminado:
la lluvia tiende un cálido murmullo
sobre el techo de cinc de la pensión
y alguien apaga la luz
echando en la sombra la sombra de mujeres queridas
que son sólo un reloj de manecillas quebradas,
el lomo de unos libros
y un viejo poster colgado en la pared.

13.
The Poetic Self loses the track of history

Who does Foucault speak to with vigorous energy?
Megaphone in hands: a firm stance as in battle.
Cameras and microphones flying over people's heads.
What was Foucault saying that afternoon?
What was Sartre thinking at his side?
In the background of the scene the snapshot shows
the dull geometry of an industrial unit just like any other.

Young Albert traces with his finger
an invisible line between two angles: from the bottom angle,
                                                [on the left,
up to the top, on the right. The path
that the photographer's gaze suggests.
He draws an oblique line with his finger
while Foucault's megaphone slips below
the slightly moist fingertip (it was hot that afternoon)
of Young Albert's finger.

The photos are there, on the table.
Scattered on the top of the metal desk
in the silence of the empty newsroom.
What is Young Albert doing at this time, by the way,
in the empty newsroom?
The newsroom where someone forgot to return to the drawers
a stack of photos that he is now looking at,

13.
El Yo Poético pierde el hilo de la historia

¿A quién habla Foucault con energía vigorosa?
Megáfono en las manos: firme gesto de batalla.
Cámaras y micrófonos sobrevolando
                              las cabezas de la gente.
¿Qué decía Foucault aquella tarde?
Y a su lado, ¿qué piensa Jean Paul Sartre?
Al fondo de la escena la instantánea muestra
la geometría monótona
            [de una nave industrial como cualquiera otra.

Albertito traza con el dedo
una línea invisible entre dos ángulos: desde
                    [el ángulo inferior, sobre la izquierda,
hasta el superior, a la derecha. El idéntico camino
que la mirada del fotógrafo propone.
Traza una línea oblicua con el dedo
mientras el megáfono de Foucault se desliza
por debajo de la yema un poco húmeda
                              [(hace calor esta tarde)
del dedo de Albertito.

Las fotos están allí, sobre el tablero.
Esparcidas sobre el tablero de metal del escritorio
en el silencio de la redacción vacía.
¿Qué hace Albertito, por cierto,

watching how Foucault and Sartre rallied the people
in front of the dull geometry of an industrial unit
[just like any other.
Did random fate lead him to these photos?
It may also have just been, of course,
that he is killing time to meet his girlfriend
(God moves in mysterious ways)

What nobody doubts, however,
is that the photos are there, on top of the metal desk:
the photograph in which Sartre and Foucault rallied people
with a megaphone in front of an industrial unit
[just like any other.
And now Young Albert - by chance or by fate -
is sliding his fingertip over the image and looking at it:
[there is something that disturbs him
and maybe he has even started to forget he has a date
[with his girlfriend.
He asks himself, insistently: why is it that he is there
[right now,
and why did someone forget to return the photos
[to the chest of drawers?

The Poetic Self, however, is asking more sensible questions:
why were Sartre and Foucault there that afternoon,
rallying people in front of an industrial unit
[just like any other?
Was it the war in Algeria? Maybe a strike by the workers
[of Renault?
Or perhaps to denounce the unfairness of the prison system?
Impossible to know: the captions are lost

a esta hora en la redacción vacía?
La redacción donde alguien olvidó

                          [devolver a los cajones
una pila de fotos que ahora él está mirando,
mirando cómo Foucault y Sartre arengan a la gente
frente a la geometría monótona

                [de una nave industrial como cualquiera otra.
¿El destino azaroso lo condujo hacia estas fotos?
Puede también que sólo haya sido, claro,
que está haciendo tiempo hasta la hora

                        [de la cita con su novia
(los caminos de dios son inescrutables).

Lo que nadie va a poner en duda, sin embargo,
es que las fotos están allí, sobre el tablero:
la foto en la que Sartre y Foucault arengan a la gente
con un megáfono frente

                [a una nave industrial como cualquiera otra.
Y ahora Albertito – por azar o por destino –
pasa su dedo sobre ella y la contempla:

                     [hay algo que lo inquieta
y quizás hasta haya empezado a olvidar

                     [la cita con su novia.
Se pregunta, insistentemente: ¿por qué ocurre

                [que él esté allí ahora mismo,
y por qué alguien olvidó devolver las fotos a la cajonera?

El Yo Poético sin embargo, se hace preguntas

                    [más sesudas:
¿por qué estaban allí Sartre y Foucault aquella tarde,

and Young Albert's memory does not register
                              [so ephemeral a detail.
And so, that photograph, what is it about?
asks - philosophical - the stubborn Poetic self.
Is it about, perhaps, the energetic gesture of Foucault,
or the serene old age of Jean Paul Sartre?
What, after all, is that which matters?
                              What is the track of history?

Young Albert, himself, has already lost the track of history:
What really matters to him is to find out why he is,
                              [at this hour,
in the silence of an empty newsroom
and why he has forgotten he had a date with his girlfriend

arengando a la gente frente
[a una nave industrial como cualquiera otra?
¿la guerra de Argelia? ¿una huelga de obreros de Renault?
¿denunciar la injusticia del sistema carcelario?
No se sabe: los epígrafes se han perdido
y la memoria de Albertito no registra tan efímero detalle.
¿Y entonces, la foto, de qué habla?
interroga – filosófico - el tozudo Yo Poético.
¿Quizás del gesto enérgico de Foucault,
de la ancianidad serena de aquel Sartre?
¿Qué es, en definitiva, lo que importa?
                    ¿En qué consiste el hilo de la historia?

Albertito, por su parte, ya ha perdido
                    [el hilo de la historia:
a él le importa, verdaderamente, descubrir
                    [qué lo ha traído a esta hora
hasta el silencio de la redacción vacía
y cómo es que se ha olvidado de la cita con su novia.

14.
Banality of death

The morning my grandfather was buried
I arrived in the cemetery at the last moment.
I no longer lived there, I had travelled in
an uncomfortable coach over the night.
Someone left me grab one of the coffin bars
the first on the right-hand side. The coffin was heavy,
the mere presence of the varnished wood.
I said to myself: "Grandpa is not inside.
Grandpa isn't anywhere any more. "
Afterwards, each one went back to their businesses,
it was Saturday, we were in no hurry.
My parents and my uncles had coffee,
Grandma was a silent statue sitting on the couch.
Joking around they handed out some of his belongings,
I got a black leather belt,
my grandfather's suits no longer fit me.

14.
Banalidad de la muerte

La mañana en que enterraron a mi abuelo
yo llegué al cementerio en el último momento.
Ya no vivía allí, había viajado en
un incómodo autobús toda la noche.
Alguien me cedió una argolla del cajón:
la primera a la derecha. El ataúd pesaba mucho,
pura presencia de madera barnizada.
Yo pensaba: "El abuelo no está aquí dentro.
El abuelo ya no está en ninguna parte".
Después, cada uno volvió a lo suyo,
era sábado, no había apuro.
Mis padres y mis tíos tomaron café,
la abuela era una estatua muda sentada en el sofá.
Repartieron, bromeando, algunas pertenencias,
a mí me tocó un cinturón de cuero negro,
los trajes de mi abuelo ya no me entraban.

15.
Il Nostro Campanile

Alovantti Francesco Gio Maria,
di Angelo di Angelo
e di Neri Carolina di Serafino,
nato il 13 corrente
alle ore e antimeridiana,
 reads the almost illegible manuscript
that a jovial priest, wearing a cassock as in yesteryears,
has finally rescued from an aged book
that he found stacked on a dusty bookshelf.

I am trying to imagine the hand that wrote that,
the insecure stroke of a country priest
at a time when Italy was just beginning to be Italy.
I am trying to think of Angelo and Carolina
christening my great-grandfather in the same font
that the priest is now kindly showing me.
Just Images of a time alien to me.

Today I have gone all over graveyards,
and vestries in search of a past.
A factory where a century ago
the nonnos *began to lay the foundations of my existence.*
I only found old archives,
bureaucratic records of life
and death of my buried generations,

15.
Il Nostro Campanile

Alovantti Francesco Gio Maria,
di Angelo di Angelo
e di Neri Carolina di Serafino,
nato il 13 corrente
alle ore e antimeridiana,
dice el manuscrito casi ilegible
que un cura jovial, de sotana como antes,
ha rescatado al fin de un libro ajado
arrumbado en una estantería polvorienta.

Trato de imaginar la mano que escribió aquello,
el trazo inseguro de un sacerdote campesino
en tiempos en que Italia apenas empezaba a ser Italia.
Trato de pensar en Angelo y Carolina
bautizando a mi bisabuelo en la misma pila
que ahora el cura me muestra amablemente.
Imágenes sólo: su tiempo me es ajeno.

Hoy he recorrido cementerios,
sacristías en busca de un pasado.
Una fábrica donde hace un siglo
los *nonos* empezaron a fundamentar mi presencia.
Sólo hallé antiguos registros,
testimonios burocráticos de la vida
y de la muerte de mis generaciones sepultadas,

gravestones with uncertain references,
blurred photos in which I could have recognized them
If I had known them then,
when they were younger than I am now.
I come back to the hotel with an odd feeling:
I managed to find out something else
about a time that somehow does not seem to touch me.

But suddenly, over the houses of Valdagno,
an upright campanile with no church
raises its baroque dome topped by a weathercock.

And Valdagno, then,
is a winter afternoon in the heat of the kerosene stove,
the smell of eucalyptus boiling in water,
the nonna *feeding me a beaten*
egg yolk with Ferro Quina Bisleri
(full of nourishing vitamins for growing children).
And on the table, among colourful magazines,
the newspaper that arrives punctually every month
from the village on the other side of the ocean:
Il Nostro Campanile.

lápidas de dudosa referencia,
fotos borrosas en que hubiera podido reconocerlos
si los hubiese conocido entonces,
cuando eran más jóvenes de lo que soy ahora.
Vuelvo al hotel con un extraño sentimiento:
he logrado saber algo más
de un pasado que sin embargo no me toca.

Pero de pronto, sobre las casas de Valdagno,
un enhiesto campanario sin iglesia
alza su cúpula barroca rematada
                    [por una veleta inconfundible.

Y Valdagno, entonces,
es una tarde de invierno al calor de la estufa a kerosene,
el olor del eucalipto hirviendo en agua,
la *nona* dándome a beber una yema
de huevo batido con Ferro Quina Bisleri
(son vitaminas buenas para el crecimiento).
Y sobre la mesa, entre revistas coloridas,
el periódico que cada mes –puntual - llega
del pueblo al otro lado del océano:
Il Nostro Campanile.

16.
My cousin was a giant dressed in white

Is there not, perhaps, in the midst of a silent night,
a blue hole where all roads to the world begin?
I dream even higher than everything that has
[ever been written:

of seeing the sea beyond the hills
and a hodgepodge of snow on top of solitary peaks.

That is how fever begins:
we think of finding places
with strange names, such as Ekland or Miranao.
places like the most secret nooks
of the body of a woman we love,
with the fervent love that only a young man possesses.

Small white villages like pearled gems on the mountains;
infinite seas that exhaust the toughest of hearts;
yellow dawns suspended on the lethargy of a lake;
nights of lust and drink at the foot of a skyscraper:
what is there in the world that is not already in our dreams?

But it is not enough:
we are old heroes seeking adventure,
vestiges of a nomad past,
argonauts forever unsatisfied.

16.
Mi primo era un gigante vestido de blanco

¿No existe acaso -en la noche silenciosa-
un agujero azul por donde comienzan
                [los caminos hacia el mundo?
Sueño más alto aun que todo lo que se ha escrito:
ver el mar allende las colinas
y un arrebujo de nieve en la cima de los picos solitarios.

Así es como empieza la fiebre:
pensamos en conocer lugares
con extraños nombres como Ekland o Miranao.
Sitios como los rincones más secretos
del cuerpo de una mujer que amamos
con el furor del amor que solo guarda un hombre joven.

Pueblos pequeños encalados como gemas blancas
                [en los cerros;
mares inmensos que agotan los más rudos corazones;
auroras amarillas suspendidas
                [en la quietud de una laguna;
noches de lujuria y alcohol al pie de rascacielos:
¿qué hay en el mundo que no esté ya en nuestros sueños?

Pero no basta:
somos héroes antiguos necesitados de aventura,
vestigios de algún nómade pasado,
argonautas eternamente insatisfechos.
Un atardecer subimos en silencio a un tren
sin pasaje de retorno

At dusk we once silently took a train,
a one-way ticket,
and the present unveils us,
passengers held up
at stations where we just await
                              a change of train.

y el presente nos devela apenas detenidos,
pasajeros en estaciones donde
esperamos sólo algún cambio de vías.

17.
Father is just a sign on your forehead

Does anyone know what their father's dreams were?
Did you imagine his desires, coral staircases in the desert,
distant passages to life? Did anyone deal with all this?

Because there also must have been trade winds,
                                        [guarded glitters,
or the intense murmur that matches every adolescence,
veins of burning ore welded in winter,
passions veiled to the untiring maternal vigilance.
Who has not raised their flag in a burning field?
Who has not believed to be a bird of fire?
Who has not wanted to be something else
                                        [than a working hand?

But you did not know,
and even worse:
you never wanted to know

It is true that you sought to pierce the foliage of the ages,
rule over the gorge that connects the tenebrous valleys,
open to the light of dawn
the ancient sanctuaries of forgotten civilizations
and the oblivion of the Self and the vanishing points
and the mechanical devices
and the cunning of reason that produces monsters

17.
Padre es sólo una señal sobre la frente

¿Sabe acaso alguien cómo fueron los sueños

[de su padre?
¿Imaginó deseos, escaleras de coral en el desierto,
remotos pasadizos a la vida? ¿Se ocupó alguien de ello?

Porque allí también hubo de haber vientos alisios,
resplandores cautos,
o el concentrado rumor que acompaña

[a toda adolescencia,
vetas de mineral ardiente soldadas en invierno,
pasiones veladas a la infatigada vigilancia materna.
¿Quién no ha plantado su bandera alguna vez

[en un campo en llamas?
¿Quién no se ha creído alguna vez un pájaro de fuego?
¿Quién no ha querido ser algo más

[que una mano que trabaja?

Pero tú no lo supiste,
y aún más:
nunca quisiste saberlo.

Es cierto que buscaste penetrar la fronda de las eras,
dominar el desfiladero que comunica

[los valles tenebrosos,
abrir a la luz del amanecer

(and other endless and etceteras)

But what about the dreams of the man who gave you life?
When did you ever care?

I had a good look at him today: no longer the one
                                        [he used to be.
Over the years, his face fades away in the distance
and suddenly I thought I glimpsed a flash
of what his mask of father hid once and forever:
you do not know, but being a father is a bonfire
that dooms you to become ash burned down into thin air.

los antiguos santuarios de civilizaciones olvidadas
y el olvido del ser y los puntos de fuga
y los dispositivos maquínicos
y las astucias de la razón que produce monstruos
(y demás inacabables etcéteras y etcéteras).

Pero ¿los sueños de quien te dio la vida?
¿Cuándo te importaron?

Hoy he vuelto a mirarlo: no es el de entonces.
Con los años, su rostro se descompone en la distancia
y de pronto he creído vislumbrar un ramalazo
de lo que su máscara de padre escondió un día y para siempre:
uno no lo sabe, pero ser padre es una hoguera
que condena a ser ceniza consumida por el aire.

18.
The surrender of Young Albert

But what happened to that glimpse of a world
where joy was not stored in a bank safe,
where solidarity was not only
for Christmas celebrations with festoons and firecrackers,
or the ephemeral friendship at the football stand
                                        [and the dance of cards,
and life was not just about being clever
and come up with the proper mask at carnival celebrations.

You have fought wars with inconsistent results
- on the battlefield and in the field of honour -
tracing evanescent figures in the last sunbeam of the day,
unexpected convalescences when everything seemed lost,
impossible motherlands where the sea never hides,
and even some nights maybe you may have gone to bed
with the sweet taste of bay leaves on your lips.
You have loved like an out of control giant
on each heartbeat hammering
on the fateful drum of reason:
as an anonymous gladiator you have loved,
drawing inaccessible mirages in the sand,
yet without following the prudence of dawn.
You have been a compulsory family member, you loathed it
looking for the secret channel where bloods merge,
you have built elaborate landscapes of the mind

18.

La rendición de Albertito

Pero qué fue de ese mundo avizorado
donde la alegría no se atesorase
    [en la caja de seguridad de los bancos,
donde la solidaridad no fuera reservada
a celebraciones navideñas con caireles y petardos,
a la amistad efímera de la cancha de fútbol
      [y la danza de los naipes,
y la vida no consistiese solamente en ser astutos
para acertar en cada carnaval con la elección de la careta.

Has librado guerras con desigual destino
- en el campo de batalla y en el honor del campo -
trazando evanescentes figuras al último rayo del día,
convalecencias milagrosas cuando todo era perdido,
patrias imposibles donde el mar nunca se esconde,
e incluso algunas noches acaso te has ido a la cama
con el dulce sabor del laurel en los labios.
Has amado como un gigante desbocado
en cada latido dando golpes
sobre el funesto tambor de la razón:
como anónimo gladiador has amado,
dibujando inaccesibles espejismos en la arena,
sin seguir la recomendable prudencia de la aurora.
Has hecho parte forzosa de familia, la abominaste
buscando el cauce secreto donde se cruzan las sangres,

to justify breaking man-made laws
- behind the scenes: vigilant Gertrude-
and in the end you have restarted the promised tragedy
allowing yourself –possibly – to be murdered
                              [with the same poison,
and you have burdened your son with the unintentional
                              [guilt of a dynasty.
And yet, what was the prize
apart from the mere collection of ephemeral joys
in the memory of a mangy dog?

We travel in the company of our badly beloved
following the pendulum that gradually leads us
                              [to nothingness,
kicking at every step the debris in the planet
between mountains of lithium garbage and acid rain,
among the media stench with glamorous covers
                              [on glossy paper
and the collapsed statues of our former heroes,
still carrying the worn-out flags of years of glory
like the unhappy banners of what we never were.

And still, let's admit it:
the good old days were always the worst.

has construido elaborados territorios de la mente
donde justificar la quiebra de la ley del hombre
- a las espaldas: Gertrudis vigilante –
y al final has recomenzado la tragedia prometida
dejándote - quizás – asesinar con idéntico veneno,
y has cargado a tu hijo con las involuntarias
                           [culpas de la dinastía.
Y sin embargo, ¿cuál fue el premio?
¿Cuál que no haya sido la mera colección
                         [de efímeras felicidades
que acumula la memoria de un perro sarmentoso?

Vamos en compañía de nuestros seres malqueridos
a través del péndulo que de a poco
                     [nos conduce camino de la nada,
pateando a cada paso los escombros del planeta
entre montañas de basura de litio y lluvias sulfurosas,
entre hedores mediáticos con glamorosas
                     [portadas en papel cuché
y las estatuas derrumbadas de los héroes de antaño,
portando aún las banderas raídas de los años de gloria
como melancólicos estandartes de lo que no fuimos.

Y aún así, reconocerlo:
todo tiempo pasado fue peor.

19.
And the dynasty continue

Silence travelling from father to son.

It goes through awkward walls
through the joyful routine of life,
and it stagnates in the throat with
an extinguished fire that freezes words.

No one said that growing up would be a bed of roses,
no one ever tried walking the streets before setting out.

What you have received, you must give.

Silence bounces from father to son,
from son to father.

19.
Para continuar la dinastía

Un silencio viaja de padre a hijo.

Atraviesa arduas paredes
a través de la jubilosa rutina de la vida,
y se estanca en la garganta con
un fuego apagado que hiela las palabras.

Nadie dijo que crecer sería un lecho de rosas,
nadie probó la calle antes de andarla.

Lo que has recibido, habrás de darlo.

Un silencio rebota de padre a hijo,
de hijo a padre.

20.
Autumn song with an open ending

There was no love left,
barely the breeze.

Of all cardinal spaces
where the roulette spun, making hinges creak,
we maybe record some corner in the shadows,
a music echoing dissonant chords,
a taste of briny and purulent wood.

How can you know if that winter
of warm shirts and eucalyptus on the stove
was none other than the thirsty burrow
where evil began to peel its egg?
Where did happiness end up?
Where the celestial map of the constellations
in which Young Albert awaited his next dream?
Through what edge of the world
dd his once solid presence vanish?
Who conspired to take his joy away?

Yet, there are still days to live
and it is likely that not all of them will be rough,
there will still be diamonds with which to light up oneself,
beaver skins to lie down and dream under the skies,
Fragrant bodies where to beat down fear?

20.
Canción de otoño con final abierto

No quedó el amor,
apenas si la brisa.

De todos los espacios cardinales
donde la ruleta giró haciendo crujir los goznes,
computamos quizás algún rincón en sombras,
una música que repite acordes disonantes,
un gusto a madera salobre y purulenta.

¿Cómo puedes saber si aquel invierno
de camisetas tibias y eucaliptos en la estufa
no ha sido más que la madriguera sedienta
donde el mal empezó a descascarar su huevo?
¿Adónde fue a parar la felicidad,
dónde el mapa celeste de las constelaciones
en que Albertito contemplaba su siguiente sueño?
¿Por qué arista del mundo
se esfumó su antaño sólida presencia?
¿Quién conspiró para arrancarle la alegría?

Sin embargo, quedan aún días por vivir
y es dable imaginar que no todos serán agrestes,
habrá aún diamantes con los que alumbrarse,
pieles de castor para echarse un sueño bajo el cielo,
¿cuerpos fragantes donde recostar el miedo?

Drop it, kid
Do me a favour.
And stop fantasising that one day you'll slash the veil.

Cortála de una vez, pibe,
hacé el favor.
Dejá de imaginarte ya que vas a poder rasgar el velo.

ÍNDICE
Index

Preface 8

Young Albert finds himself in front of
  the mirror 10

How to think dangling
  from a branch 12

Young Albert tumbles to what
  is gong on 16

Those winter nights 20

Sitting in the kerb, Young Albert
  and Young Edward are planning
  the future 26

First question 30

Linking unanswered correspondences 32

Before the era of signs 36

Zero hour 40

Nietzsche is pissing at dawn 42

X-Ray of The Pampas 46

City of poor hearts 50

The Poetic Self loses
  the track of history 54

Banality of death 60

Il Nostro Campanile 62

My cousin was a giant
  dressed in white 66

Father is just a sign
  on your forehead 70

The surrender of Young Albert 74

And the dinasty continue 78

Autumn song with
  an open ending 80

Prefacio	9
Albertito se descubre en el espejo	11
Cómo pensar colgado de una rama	13
Albertito se cae de la palmera	17
Esas noches del invierno	21
Sentados en el cordón de la vereda, Albertito y Eduardito planean el futuro	27
Primera pregunta	31
Engarzando correspondencias sin respuesta	33
Antes del tiempo de los signos	37
Hora cero	41
Nietzsche meando en la madrugada	43
Radiografía de la pampa	47
Ciudad de pobres corazones	51
El Yo Poético pierde el hilo de la historia	55
Banalidad de la muerte	61
Il Nostro Campanile	63
Mi primo era un gigante vestido de blanco	67
Padre es solo una señal sobre la frente	71
La rendición de Albertito	75
Para continuar la dinastía	79
Canción de otoño con final abierto	81

Printed in Poland
by Amazon Fulfillment
Poland Sp. z o.o., Wrocław